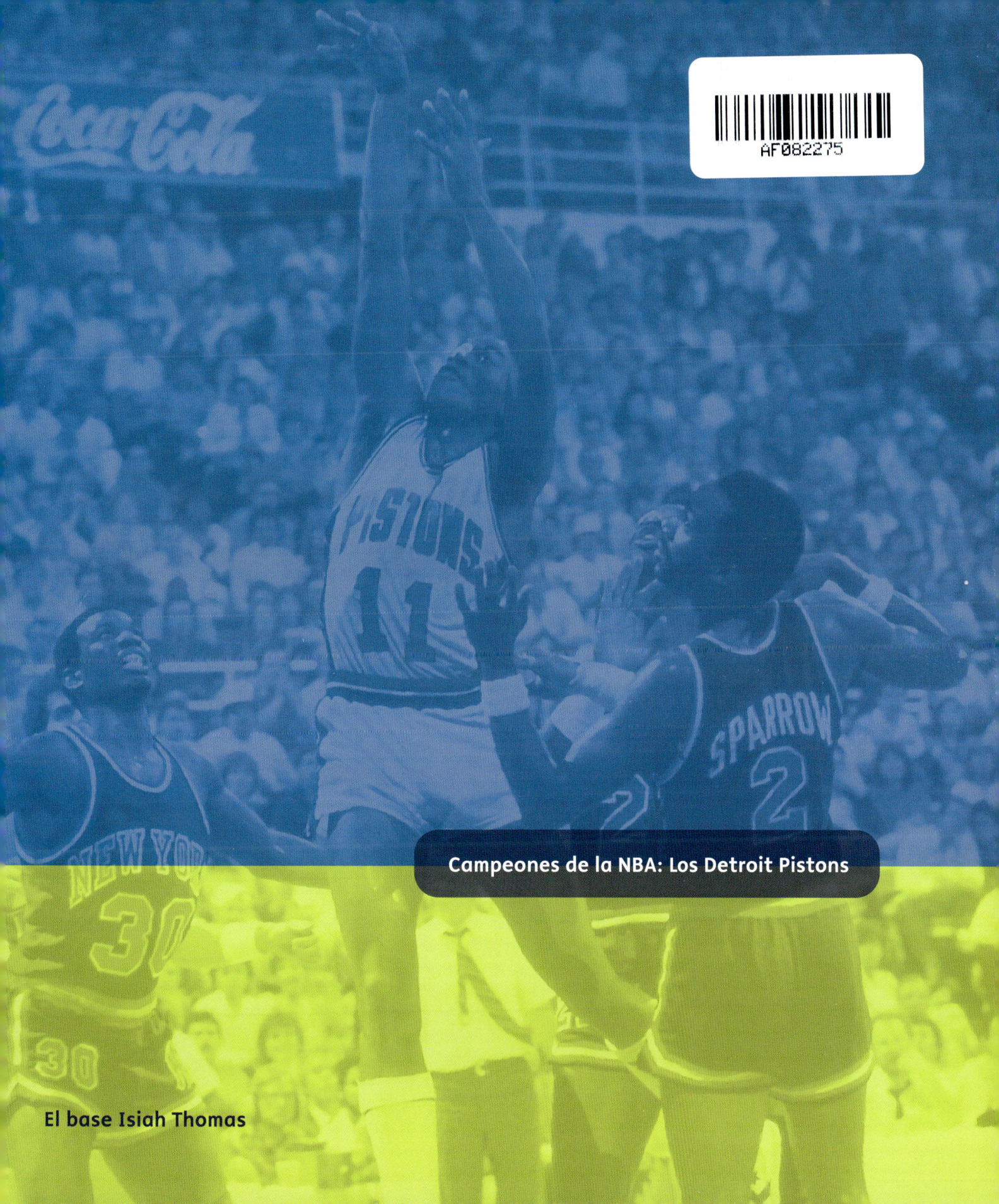

Campeones de la NBA: Los Detroit Pistons

El base Isiah Thomas

El base Eric Money

CAMPEONES DE LA NBA

LOS DETROIT PISTONS

DENNY BULCAO, JR.

CREATIVE EDUCATION / CREATIVE PAPERBACKS

El escolta Richard Hamilton

Publicado por Creative Education y Creative Paperbacks
P.O. Box 227, Mankato, Minnesota 56002
Creative Education y Creative Paperbacks son sellos de
The Creative Company
www.thecreativecompany.us

Dirección artística de Tom Morgan
Producción de libros de Graham Morgan
Editado por Grace Cain

Imágenes de Associated Press/Carlos Osorio, portada; Getty Images/Allen Einstein, 4, Andrew D. Bernstein, portada, Andy Hayt, 3, Bettmann, 12, David E. Klutho, 24, Dick Raphael, 2, 6, 19, Doug Pensinger, 1, George Long, 15, Harry How, 10, Icon Sports Wire, 16, Jason Miller, 5, Nic Antaya, 20; Newscom/Chris Szagola, 7; Desconocido, 9
Se ha hecho todo lo posible por contactar con los titulares de los derechos de autor del material reproducido en este libro. Cualquier omisión será rectificada en impresiones posteriores si se notifica al editor

Copyright © 2025 Creative Education, Creative Paperbacks
Derechos de autor internacionales reservados en todos los países. Ninguna parte de este libro puede ser reproducida en ninguna forma sin permiso escrito del editor.

Library of Congress Cataloging-in-Publication Data
Names: Bulcao, Denny Jr., author.
Title: Los Detroit Pistons / by Denny Bulcao, Jr.
Other titles: Detroit Pistons. English
Description: Mankato, Minnesota : Creative Education and Creative Paperbacks, [2025] | Series: Creative sports. Campeones de la NBA | Audience: Ages 7-10 years | Audience: Grades 2-3 | Summary: "Elementary-level text translated into North American Spanish and dynamic sports photos highlight the NBA championship wins of the Detroit Pistons, plus sensational players associated with the professional basketball team such as Cade Cunningham"-- Provided by publisher.
Identifiers: LCCN 2024023417 (print) | LCCN 2024023418 (ebook) | ISBN 9798889898160 (lib. bdg.) | ISBN 9781682778753 (paperback) | ISBN 9798889898368 (ebook)
Subjects: LCSH: Detroit Pistons (Basketball team)--Juvenile literature. | Basketball--Michigan--Detroit--History--Juvenile literature.
Classification: LCC GV885.52.D47 B8518 2025 (print) | LCC GV885.52.D47 (ebook) | DDC 796.332/640977434--dc23/eng/20240712

Impreso en China

El base Reggie Jackson

El alero John Salley

ÍNDICE

Hogar de los Pistons	8
Nombrando a los Pistons	11
Historia de los Pistons	13
Otras estrellas de los Pistons	18
Acerca de los Pistons	22
Glosario	23
Índice	24

Hogar de los Pistons

Detroit es la ciudad más grande de Michigan. A menudo se la llama "La Ciudad del Motor". En ella se construyeron muchos coches. Detroit tiene un gran **estadio** llamado Little Caesars Arena. Es el hogar del equipo de baloncesto de los Pistons.

Los Detroit Pistons son un equipo de la Asociación Nacional de Baloncesto (NBA). Compiten en la División Central. Es parte de la Conferencia Este. Dos de sus grandes **rivales** son los Chicago Bulls y los Cleveland Cavaliers. Todos los equipos de la NBA quieren ganar las **Finales de la NBA** y proclamarse campeones.

CAMPEONES DE LA NBA

El centro Andre Drummond

Nombrando a los Pistons

El primer propietario del equipo fue Fred Zollner. Tenía una empresa que fabricaba piezas para automóviles. Un pistón es una pieza importante del motor de un coche. El equipo se llamó primero los Fort Wayne Zollner Pistons. Cuando se trasladaron a Detroit, se convirtieron en los Detroit Pistons. El nombre encajaba bien con la historia de la ciudad.

El base Gene Shue

CAMPEONES DE LA NBA

Historia de los Pistons

Los Pistons empezaron a jugar profesionalmente en 1941 en la Liga Nacional de Baloncesto. Cambiaron de organización en 1948. El escolta Bobby McDermott fue su primera estrella. Encestó canasta tras canasta con un tiro a dos manos. El equipo alcanzó las Finales en 1955 y 1956. Perdieron en todas las ocasiones.

El equipo se trasladó a Detroit en 1957. Un jugador especial fue Dave DeBusschere. Era a la vez jugador y entrenador cuando sólo tenía 24 años. Los Pistons se convirtieron en un equipo puntero en los años 80 bajo la dirección del famoso entrenador Chuck Daly. Jugaban duro en defensa con un centro grande y fuerte, Bill Laimbeer. Les apodaban los "Bad Boys". El base Isiah Thomas les llevó a tres Finales de la NBA consecutivas. El equipo ganó los **títulos** en 1989 y 1990!

El alero Dave DeBusschere

LOS DETROIT PISTONS

El base Chauncey Billups

Los Pistons llegaron a las Finales de nuevo en 2004 de la mano del legendario entrenador Larry Brown. Ganaron otro campeonato al vencer a Los Angeles Lakers. Chauncey Billups lideraba el equipo. Se le llamaba "Mr. Big Shot" porque anotaba muchas canastas importantes. Los Pistons llegaron a las Finales de nuevo en 2005. Perdieron contra los San Antonio Spurs.

LOS DETROIT PISTONS

CAMPEONES DE LA NBA

Otras estrellas de los Pistons

El base Dave Bing fue uno de los mejores jugadores de las décadas de 1960 y 1970. El compañero de equipo de Bing, el centro Bob Lanier, era famoso por sus tiros de gancho con la zurda.

El base Dave Bing

CAMPEONES DE LA NBA

El base Cade Cunningham

LOS DETROIT PISTONS

El alero Dennis "The Worm" Rodman era el mejor reboteador de los "Bad Boys". Ben Wallace fue nombrado Jugador Defensivo del Año de la NBA cuatro veces en la década de 2000.

Los Pistons no han ganado un partido de las eliminatorias desde 2008. Esperan que el entrenador Monty Williams y el base Cade Cunningham cambien la situación.

Acerca de los Pistons

Primera temporada: 1941-42

Conferencia/división: Conferencia Este, División Central

Colores del equipo: azul real, rojo, gris, azul marino y blanco

Estadio local: Little Caesars Arena

CAMPEONATOS DE LA NBA:

1989, 4 partidos a 0 sobre Los Angeles Lakers

1990, 4 partidos a 1 sobre los Portland Trail Blazers

2004, 4 partidos a 1 sobre Los Angeles Lakers

PÁGINA WEB DEL EQUIPO:

https://www.nba.com/pistons/

Glosario

estadio—un edificio grande con asientos para espectadores, donde se celebran partidos deportivos y eventos de entretenimiento

Finales de la NBA—una serie de partidos entre dos equipos al final de las eliminatorias; el primer equipo que gana cuatro partidos es el campeón

rival—un equipo que juega más duro contra otro equipo

título—otra palabra para campeonato

El centro Ben Wallace

Índice

Billups, Chauncey, 16, 17

Bing, Dave, 18, 19

Brown, Larry, 17

Cunningham, Cade, 20, 21

Daly, Chuck, 14

DeBusschere, Dave, 14, 15

Laimbeer, Bill, 14

Lanier, Bob, 18

Little Caesars Arena, 8, 22

McDermott, Bobby, 13

nombre del equipo, 11

Rodman, Dennis, 21

Thomas, Isiah, 1, 14

Wallace, Ben, 21, 24

Williams, Monty, 21

Zollner, Fred, 11